Angelika Hack

Mein
an mich
glauben
Buch

Motivation für Kinder zum
selber lesen

Bibliografische Information der Deutschen Nationalbibliothek
Die Deutsche Nationalbibliothek verzeichnet diese Publikation in der
Deutschen Nationalbibliografie; detaillierte bibliografische Daten sind im
Internet über http://dnb.d-nb.de abrufbar.

Copyright © 2008 Angelika Hack
Herstellung und Verlag: Books on Demand GmbH, Norderstedt
Buchgestaltung: Angelika Hack
ISBN: 978-3-8370-7829-9

Inhalt

Inhalt

4

Vorwort

Liebe Kinder,

ich bin eine normale Mutter mit 2 lieben Jung´s mit den üblichen Problemchen, die wohl in jeder Familie auftreten. Leidenschaftlich gerne lese ich Bücher über die Denkweise des Menschen und über den Glauben. Ob es wirklich funktioniert, mit den eigenen Gedanken das Leben zu steuern?

Meine Kinder fragen mich immer wieder aus über das was ich lese. Bisher habe ich noch kein Buch gefunden, welches dies in einfachen Worten wiedergibt. Aus diesem Grund ist mir die Idee gekommen, selber den Stift in die Hand zu nehmen.

Mein persönlicher Wunsch ist es, dass du nie aufhörst, an das Glück im Leben und an dich selber zu glauben.

Der Glaube

Was ist der Glaube eigentlich? Für die meisten ist der Glaube in Verbindung mit Gott ein Begriff. Aber wer ist Gott überhaupt?

Gott kann man nicht sehen. Gott existiert in Gedanken, egal welcher Religion man angehört. Gott war und ist immer in den Gedanken der Menschheit. Somit ist Gott in uns. Jetzt wirst du dir bestimmt denken, dass das ja nicht geht. Wenn Gott in dir ist, kann er ja nicht im Körper von Deinem Freund, Mutter, Vater usw. sein. Doch, kann er! Denn jeder einzelne Mensch hat eigene Gedanken und somit kann sich jeder einzelne Mensch seinen Gott in seinen Gedanken vorstellen.

Da nun jeder seinen eigenen Gott bei sich hat, nämlich in seinen Gedanken und als seine Gedanken, kann jeder einzelne Mensch seinen eigenen Glauben entwickeln.

Der Glaube entwickelt sich aus den eigenen Gedanken, den Gefühlen, den Wünschen, den Hoffnungen usw. Daher verbinde ich das immer mit dem Spruch: Glaub an dich!

Wieso glauben?

Wieso soll ich an mich glauben? Wirst du dir jetzt vielleicht denken. Gute Frage!
Meine Meinung ist, dass jeder Mensch, egal ob jung oder alt, groß oder klein, dick oder dünn das Recht hat, ein glückliches Leben zu führen.

Kennst du das Sprichwort: Jeder ist seines Glückes Schmied?
Jeder hat es selber in der Hand, ob er an was Glückliches, also an was Gutes denkt, oder ob er an negative Dinge denkt. So wie wir denken, so glauben wir. Und so wie wir glauben, so leben wir.

Wenn wir also an das Gute glauben und aufrichtig dankbar dafür sind, was wir haben, werden wir auch immer mehr Gutes erleben und auch immer mehr Gutes bekommen. Wichtig dabei ist nur, dass du fest daran glaubst und dir es auch fest vorstellen kannst und die Bilder in deinem Kopf siehst, als wenn du gerade einen Film anschaust.

Probiere es einfach aus, wie du dich fühlst, wenn du an etwas schönes denkst und wie du dich fühlst, wenn du an etwas unerfreuliches denkst.

Konzentriere dich auf die schönen Dinge

Sicherlich hast du die Erfahrung gemacht, dass du dich besser fühlst, wenn du an etwas Erfreuliches oder etwas Schönes denkst. Deshalb konzentriere dich auf die schönen Dinge im Leben. Sei dankbar für alles was du hast und bekommst. Sei dankbar für Essen, für Trinken, für deine Eltern, für deine Freunde, für die Spielsachen, für den PC usw. Sag in Gedanken jeden Tag für alles was dir einfällt danke und du wirst fühlen, wie gut es dir dabei geht.

Wenn du im Fernseher Hunger leidende Kinder siehst, behalte nicht dieses Bild im Kopf, sondern stell dir vor, dass diese Kinder zu essen bekommen. Wenn du Bilder von Krieg und Gewalt siehst, stell dir vor, dass sich diese Menschen wieder vertragen.

So lenkst du deine Gedanken auf die schönen Dinge des Lebens und ziehst sie auch an.

Wie ziehe ich das Gute an?

Stellst du dir jetzt die Frage, wie du mit deinen Gedanken das Gute anziehst?

Wenn du an die Quantenphysik denkst, dann weißt du, dass die Welt aus Energie besteht. Auch wir Menschen sind Energie. Die Energie des Menschen lässt sich sogar messen. Auch Gedanken können sich in Energie messen lassen. Deine Energie sind unsichtbare Strahlen die du aussendest. Und du bekommst die gleichen Strahlen wieder zurück. Sie kommen zu dir zurück wie ein Bumerang zu dir zurück kommt, wenn du ihn richtig wirfst.

Versuche mal bewusst wahr zu nehmen, wenn du gut gelaunt bist, wie dein Umfeld darauf reagiert. Die meisten Menschen reagieren auf deine gute Laune indem sie dir Freundlichkeit zurück geben. Die wenigen, die keine Freundlichkeit zurück geben, sind womöglich in diesem Augenblick gefangen in ihren eigenen negativen Gedanken. Daher brauchst du auch nicht enttäuscht sein, ein andermal sind sie vielleicht empfänglich dafür.

Funktioniert das immer?

Sei nicht enttäuscht, wenn mal was nicht eingetroffen ist, was du dir gewünscht hast. Es war dann wahrscheinlich nicht der richtige Zeitpunkt. Oder dein Glaube daran war nicht stark genug. Wenn es so ist, dann bekommst du eine neue Chance.
Es kann aber auch sein, dass in deinen Wünschen andere Personen verwickelt sind, die einfach für sich frei entscheiden. Da hast du dann natürlich keine Chance, weil du die Meinung des anderen akzeptieren musst.

Denke dabei nicht an einen Misserfolg. Bleib deinem Glauben daran treu und du wirst erkennen, dass es kein Misserfolg ist. Vielleicht trifft das Erwünschte nicht ein, weil dir was Besseres zufällt. Spätestens dann wirst du erkennen, dass der scheinbare Misserfolg in Wirklichkeit ein großer Erfolg war.
Das ganze Leben ist ein Lernprozess. In jedem Alter lernt der Mensch dazu, wir lernen nicht nur in der Schule. Es ist die Lebenserfahrung, aus der wir lernen. Und auch da durchleben wir Höhen und Tiefen. Also niemals den Kopf in den Sand stecken, sondern immer vorwärts schauen auf der Suche nach dem Guten.

Wie kann ich diese Denkweise anwenden?

Es ist ganz leicht, diese Denkweise anzuwenden. Behandle immer alle Menschen in deinem Umfeld so wie du selber gerne behandelt werden willst. Betrachte auch die verschiedensten Umstände aus einer positiven Sichtweise.

Wenn du Freundlichkeit willst, dann sei freundlich.

Wenn du Freunde haben willst, glaube daran, gute Freunde zu finden.

Wenn du Hilfsbereitschaft willst, dann sei hilfsbereit.

Wenn du gute Noten in der Schule willst, glaube daran, dass du verstehst was du lernst, also gib was du weißt bzw. kannst und du bekommst gute Noten.

Wenn du gerne mal etwas Besonderes erleben möchtest, glaube ganz fest daran und wenn es sein soll, also die Zeit dafür reif ist, erlebst du dieses Besondere.

Eine gewisse Skepsis gehört dabei natürlich schon dazu. Bevor du etwas tust, musst du dir auch die Folgen überlegen. Also nicht einfach unüberlegt tun in der Hoffnung, dass es schon gut ausgehen wird, z.B. im Straßenverkehr. Die guten Noten in der Schule fliegen dir auch nicht ohne deinen Fleiß , dem Lernen zu.

Neid

Manchmal bekommen wir Menschen ein komisches Gefühl im Magen, wenn wir mitbekommen, dass andere etwas Schöneres oder etwas Besseres haben als wir selber. Oder wenn andere mehr Geld haben usw.

Bestimmt kennst auch du solche Situationen, in denen du dich dann darüber ärgerst und sogar auch mal mit Schimpfen, schlecht reden, Ärgern, Schlagen usw. anfängst.In solchen Momenten hast du aber negative Gedanken die du ausstrahlst. Und was passiert mit diesen negativen Gedanken? Richtig! Sie kommen wieder auf dich zurück in Form der Rüge, die du von den Erwachsenen bekommst. Oder dein Schulfreund oder dein Bruder/deine Schwester wollen dann plötzlich nicht mehr mit dir spielen. Du wirst auf jeden Fall eine Erfahrung machen, die sich nicht gut anfühlt für dich.

Versuche, wenn das komische Gefühl des Neides kommt zu sagen „das freut mich, dass Du so etwas Tolles hast". In den meisten Fällen bekommst du ein Lächeln zurück. Denk an den Bumerang! Vielleicht darfst du sogar den neuen Gameboy oder das tolle Fahrrad ausprobieren?

Leider gibt es auch Angeber die nicht zurück lächeln, sondern die versuchen, dich zu provozieren. Ignoriere sie am Besten und gehe ihnen aus den Weg. Wenn du so reagieren kannst, bist DU zu beneiden. Denn das zeigt Stärke!

Stärke ist auch, sich einfach zu denken: „Auch ich bin mal dran, etwas schöneres oder besseres zu haben oder zu erleben."

Und Stärke ist auch, es dem anderen einfach so zu gönnen.

Ganz bestimmt hast du auch etwas, was sich der andere, dem du neidisch bist, auch wünschen würde. Das muss nicht unbedingt ein tolles Spielzeug sein. Es kann auch etwas sein, was du gut kannst.

Angeber

Anzugeben für etwas, was andere nicht haben, macht nicht glücklich. Behaupte ich persönlich zumindest.

Klar kann man sich für diesen Augenblick des angebens in den Mittelpunkt stellen und bewundert werden. Aber diese Bewunderung verfliegt meist sehr schnell wieder. Sie ist meist nicht von langer Dauer. Mit so einem Verhalten hat man meist auch keine echten Freunde, sondern Bewunderer, die sich wieder abwenden, sobald das bewundernde Objekt langweilig wird.

Wenn ich bemerke, dass einer meiner Jungs meint, angeben zu müssen für irgendwas, was ein anderes Kind nicht hat, dann stell ich ihm die Frage:
„Willst Du gemocht werden, weil Du diese schöne Uhr, Hose usw. hast? Oder willst Du gemocht werden, weil Du ein nettes, freundliches und liebenswertes Verhalten hast?"

Das Gefühl wird dir sicherlich sagen, dass es sich besser anfühlt zu wissen, dass man gemocht wird, weil man ein nettes, freundliches und liebenswertes Verhalten hat.

Dauerhaft ziehst du dir damit die wahren Freunde an.

Ich persönlich hatte nie großartigen materiellen Luxus in meiner Kindheit, weil meine Eltern neben uns 5 Kindern ein Haus gebaut haben. Ich habe mir auch oft Dinge gewünscht, die ich niemals bekommen habe.

Zum Angeben hatte ich nicht viel. Trotzdem hatte und habe ich Freundinnen und Freunde die mich mögen als Mensch so wie ich bin und nicht weil ich irgend etwas an besonderem materiellen Wert habe, das ich mit angeben in den Mittelpunkt stellen hätte können.

Dankbarkeit

Wie denkst du darüber, wenn ich dir jetzt ein Bonbon schenken würde?

Denkst du: „Was nur ein Bonbon? Ich will mehr?"
Oder denkst Du: „Super, 1 Bonbon, danke!"

Wie selbstverständlich ist für dich das zu haben, was du alles besitzt und täglich bekommst? Reicht es dir? Oder hast du immer das Bedürfnis, noch mehr haben zu müssen?

Ärgerst du dich oft darüber, weil du Dinge nicht bekommst und bist dann deshalb unzufrieden? Sei nicht unzufrieden oder traurig darüber was du nicht hast. Sei zufrieden und glücklich für das was du hast. Du kannst alles in deinen Träumen, in deiner Phantasie haben was du willst und dir damit ein Stück Glück erdenken. Das kann auch richtig Spaß machen!

Probiere mal aus für alles danke zu sagen, was du hast. Sage danke für dein Bett, sage danke für die Spielsachen, sage danke für Essen und trinken, sage danke dass du tolle Eltern, Oma, Opa, Tante, Onkel, Freunde hast. Sage danke für dein Haustier, sage danke für deine Gesundheit

und Klugheit. Bestimmt fällt dir hierzu noch viel mehr ein. Und du wirst auch bemerken, wie gut es dir dabei geht. Dein Gefühl wird ein gutes sein, denn dankbar zu sein ist positiv und alles Positive verursacht, dass du dich gut fühlst.

Wir haben es uns angewöhnt, vor dem Essen zum Beispiel einfach danke dafür zu sagen. Es bedarf kein aufwändiges Tischgebet meiner Meinung nach.

Wir machen es uns auch immer wieder zum Spiel, für alles abwechselnd der Reihe nach danke zu sagen, was wir gerade sehen. Das ist dann auch immer total lustig, denn dann bekommt jeder Stuhl, jedes Glas, jeder Vorhang, einfach alles ein Dankeschön. Wenn einer meiner Söhne einen Test mit einer 4 oder 5 mit nach Hause bringt, sage ich auch: „Danke, dass es keine 6 geworden ist!" Aber das sag ich mir dann in Gedanken.

Aussehen

Hast du auch schon mal erlebt, dass du mit jemanden nichts zu tun haben wolltest, nur weil er dir nicht gefallen hat?

Ist es dir selber sogar schon mal so ergangen, dass mit dir ein anderer nichts zu tun haben wollte, weil du ihm/ihr nicht gefallen hast?

Geschmäcker sind nun mal verschieden und das ist auch gut so. Stell dir mal vor, wie langweilig und eintönig alles aussehen würde, wenn jeder das gleiche Auto haben wollte, wenn jeder die gleiche Kleidung und Frisur tragen würde, wenn jeder die gleichen Möbel hätte usw.

So bunt wie das Leben ist dürfen auch die Menschen sein. Jeder hat etwas schönes an sich. Die einen haben mehr äußere, also sichtbare Schönheit, die anderen haben mehr innere, also versteckte Schönheit.

Am wichtigsten jedoch ist immer das, was sich im Inneren dieses jeden einzelnen Menschen befindet. Der Körper ist nur die Hülle dieses Menschen und sagt nur sehr wenig über ihn aus. Das Aussehen sagt dir nicht immer, ob dieser

Mensch höflich und liebenswert ist. Genauso sagt Dir das Aussehen auch nicht, ob es ein unfreundlicher Mensch ist.

Ich finde es sehr wichtig, dass man jedem Menschen eine Chance geben sollte, sein Inneres zu zeigen. Das gelingt aber nur, wenn man es auch zulässt.

Tatsache ist auf jeden Fall, dass man sich nicht mit allen gleich gut verstehen kann. Das muss auch nicht sein. Wenn du aber nur auf Äußerlichkeiten schaust, wirst auch du nur äußerlich betrachtet. Wenn du dich nicht für das Innere anderer Menschen interessierst, wird sich auch für dich niemand interessieren.

Ich kann das!

Es gibt im Leben viele Situationen, die einen schwierig erscheinen. Sei es eine schwierige Rechenaufgabe, ein Aufsatz, die Rechtschreibung, das Musikinstrument, ein Spiel usw.

Ich erlebe so oft, dass Kinder sagen, dass sie etwas nicht können, obwohl sie es noch nicht mal ausprobiert haben. Oder sie haben es ein oder zweimal ausprobiert, es hat nicht funktioniert und schon heißt es „ich kann das nicht".

Du magst diese Worte „ich kann das nicht" bewusst nur deinen Eltern oder Lehrer sagen wollen, aber du sagst es auch zu dir selber. Jeder ist sich selber am nächsten und somit befolgt dein Gedanke auch diese Anweisung und kommt in der Form „Du kannst es nicht" zurück!

Wenn du an den Bumerang denkst, weißt du, dass er wieder zurück kommt. Auch dein Denken, deine Gedanken kommen wie ein Bumerang zu dir zurück.
Denke dir immer „Ich kann das!" oder „Ich schaffe das!" und sei auch überzeugt von deinen

Worten. Glaube an Dich, glaube, daran, dass Du es kannst oder schaffst.

Dann wirst du sicher feststellen, dass es plötzlich auch viel leichter geht, weil du an dich glaubst. Trotz allem gehört natürlich auch dazu, dass zu gewisse Dinge auch üben und lernen musst. Nicht umsonst gibt es das Sprichwort: „Übung macht den Meister!"

Da fällt mir spontan als Beispiel mein älterer Sohn ein. Er spielt Klavier. Wenn er vom Klavierunterricht nach Hause kommt und ein neues Stück zum Üben erhalten hat ist er bedrückt. Das deshalb, weil er meistens fest der Meinung ist, dass das Stück so schwierig ist, dass er es nicht erlernt. Sein „ich kann das nicht"-Denken redet ihm das ein. Zur rechten Zeit erinnere ich ihn dann daran, dass er das schon so oft gedacht hat und letztendlich hat er noch immer alles erlernt. Natürlich stellt er sehr schnell fest, dass er es doch schafft und nach kürzester Zeit das Musikstück für leicht empfindet.

Ich trau mich!

Als ich mit 7 Jahren eingeschult wurde, konnte ich schon lesen, schreiben und rechnen. Ich hatte 2 ältere Schwestern von denen ich das alles gelernt hatte.

In der 1. und 2. Klasse bin ich oft in der Schule gesessen und hätte die Fragen der Lehrerin beantworten können. Aber ich hab mich einfach nicht getraut mich zu melden um etwas zu sagen. Die Lehrerin wiederum hat das nicht gewusst und ist einfach davon ausgegangen, dass ich es nicht kann oder nicht weiß.

Wenn es mal gar nicht anders ging und ich notgedrungen etwas sagen musste, ist mir ganz heiß geworden und bin ich dunkelrot geworden im Gesicht. Und alles was ich raus bekam aus meinem Mund, waren Stichpunkte.

Ich habe sehr darunter gelitten, weil ich so gewesen bin. Immer hatte ich in meinem Kopf das Bild, dass mich alle auslachen, wenn ich was sage und vor allem wenn ich was falsch sage. Im Laufe der Zeit war es dann tatsächlich so, dass meine Mitschüler gelacht haben, wenn ich was gesagt habe.

Dieses Denken hat sich auch bei mir so verhalten wie ein Bumerang. Es ist so gekommen, wie ich mir gedacht habe. Wäre ich doch damals schon so mutig gewesen, hätte ich mich einfach nur getraut.

Vielleicht gibt es in deinem Leben auch so eine ähnliche Situation, in der du dich was nicht traust, nur weil du meinst, ausgelacht zu werden. Streich diese Gedanken einfach aus deinen Kopf und ersetze sie in andere, in bessere Gedanken. Denke dir wie schön es ist, wenn dir alle zuhören und beeindruckt sind von dir. Stelle es Dir bildlich vor, immer und immer wieder. Es wird gut ausgehen, trau dich!

Bei mir hat es damals irgendwann auch geklappt, dass ich mich getraut habe.

Lob

Ich gebe zu, dass wir Eltern oft davon geleitet sind, dass wir eher tadeln als loben.

Mit Tadeln bekommt ihr Kinder zwar auch Aufmerksamkeit von uns, aber auf einer Art und Weise, die sich nicht so gut anfühlt. Weder für uns Eltern, noch für euch Kinder.

Viel schöner ist es, wenn wir Eltern euch auch dann Aufmerksamkeit und Lob geben, wenn ihr euch so benehmt, wie es uns Erwachsenen gefällt. Wenn ihr euch an unsere Regeln haltet, ohne dass wir euch daran erinnern müssen.

Seit einiger Zeit habe ich es mir zur Aufgabe gemacht, meinen Kindern auch zu sagen, dass ich mich freue, dass sie so schön miteinander spielen und reden, dass es schön ist, dass sie mir im Haushalt behilflich sind, dass es schön ist, dass ich sie habe, dass ich auch dann noch stolz auf sie bin, wenn sie mal mit einer schlechten Note von der Schule kommen usw.

Über solche Worte freuen sich meine Kinder sehr. Und mich freut es dann wiederum, dass ich ihnen mit so einfachen Worten eine Freude

bereiten konnte.

Oft bekomme ich so viel Herzlichkeit zurück dafür, als wie wenn ich ihnen irgend ein Spielzeug gekauft hätte.

Probiere es mal selber aus. Gehe einfach mal hin zu deiner Mutter oder deinem Vater und sag, wie froh du doch bist, dass du sie hast und wie schön es doch ist, was sie alles für dich tun.

Ich bin überzeugt, dass du mindestens ein Lächeln und nette Worte zurück bekommst. Wenn nicht, dann empfehle ihnen, dieses Buch zu lesen. Denk an den Bumerang.

Zusammenfassung

Du brauchst dir nichts dabei zu denken, wenn es nicht immer klappt mit dem positiven Denken. Es gibt immer wieder Situationen im Leben, in denen man sich ärgert oder verunsichert oder auch traurig ist. Dabei passiert es auch ganz schnell mal, dass man sich nicht so benimmt, wie es erwartet wird. Das ist auch gar nicht schlimm. Kein Mensch kann sich immer perfekt benehmen. Nur solltest du trotz allem nie das Gute aus den Augen verlieren.

Nicht nur Kinder vergessen die Regeln des guten Benehmens, sondern auch die Erwachsenen. Wenn ich so die Nachrichten anschaue oder anhöre, sind es weit mehr Erwachsene, die Dinge tun, die nicht in Ordnung sind.

Es gibt so viele Erwachsene, die den Kindern sagen, dass das Leben so schwierig und kompliziert ist: Sei es, weil das Geld fehlt, weil die Arbeit fehlt, weil die Lebensmittel so teuer werden usw.

Auch bei den Erwachsenen gilt das Prinzip des Bumerangs. Wenn sie nur die negativen Eigenschaften in ihrem Leben sehen, werden diese immer mehr und immer mehr. Auch die Erwachsenen sollen immer das Gute im Auge behalten.

Klar kann man in einer auswegslosen Situation nicht immer das Positive erkennen. Das gelingt auch mir nicht, obwohl ich dieses Buch schreibe.

Sicher sehe auch ich es nicht als positiv, wenn ich keine Arbeit, kein Geld usw. habe. Es gibt aber trotzdem noch Dinge, an denen ich mich erfreue. Seien es die lieben Kinder, die Wohnung, die Möbel, das Essen, das Haustier usw.

Und auch etwas ist sehr wichtig: Zu träumen, egal in welchem Alter! Es ist wichtig für die Seele, von den schönen Dingen, die das Leben zu bieten hat, zu träumen. Sich das vorstellen zu können, wie schön das wäre, diesen Luxus zu besitzen. Sich in die Lage hinein zu versetzen und das Glück zu fühlen.

Leider wird das Träumen aber immer mehr verspottet. Wir Eltern sind schon sehr verleitet zu euch Kindern zu sagen, dass ihr lieber unsere

Regeln befolgen solltet,

anstatt zu träumen. Ich kenne das nur zu gut von mir, leider.

Klar, in der Schule sollst du lieber zuhören als zu träumen. Auch bei den Hausaufgaben und vielen weiteren Verpflichtungen ist es besser, dass du dich darauf konzentrierst. Aber wenn dir zu Hause gerade langweilig ist, spricht nichts dagegen, zu träumen. Auch ist es ein wohliges Gefühl vor dem Einschlafen von schönen Dingen zu träumen anstatt von irgendwelchen Misserfolgen, die dir am Tag passiert sind. So ein Einschlaf-Traum bringt bestimmt auch einen schönen Traum während des Schlafes.

Sicher werden die einen oder anderen Eltern nun sagen: „Ist ja alles schön und gut, du kannst schon so denken, aber das Leben ist einem vorbestimmt, man kann es nicht ändern oder beeinflussen!"

Es ist schon richtig, dass einem das Leben vorbestimmt ist. Meiner Meinung nach sind es aber unsere Gedanken, unser Unbewusstes, welches unser Leben vorausbestimmen. Ich bin fest der Überzeugung, dass wir selber die Richtung bestimmen. Wir haben sehr wohl das Recht bekommen, mit zu bestimmen über unser Leben.

Jeder einzelne von uns hat die Möglichkeit, die schönen Dinge des Lebens zu
sehen und in den Mittelpunkt zu stellen und diese auch zu empfangen. Jeder einzelne von uns hat das Beste verdient. Das Glück, die Gesundheit, der Wohlstand, die Ideen: Alles ist unerschöpflich. Niemand kann wirklich voraussagen, wo das endgültige Ende ist.

Abschließende Worte

Meine Zeilen hier sind kein Wundermittel oder Rezept für ein ab sofort sorgenfreies und perfektes Leben. Vielmehr soll es eine Anregung für euch sein, an euch zu glauben und an die positiven Dinge des Lebens zu glauben.

Wir alle sind auf die Welt gekommen, um ein glückliches und zufriedenes Leben zu führen. Niemand von uns ist von Geburt an von Gott dazu verurteilt worden, sein Leben lang nur schlechtes erleben zu müssen.

Ich bedanke mich bei dir ganz herzlich für die Ausdauer, dieses Buch gelesen zu haben. Ich hoffe sehr, dass ich dir positive Anregungen und ein wenig Mut geben konnte.

In diesem Sinne wünsche ich dir ganz viele glückliche Momente in deinem Leben und vielleicht denkst du ja immer wieder mal an den Bumerang.

Danke

Ich bedanke mich ganz herzlich für die schönen gemalten Bilder bei Maximilian und Katharina Weber, bei meiner Nichte Adriana Hack und bei meinen Söhnen Dominik und Dennis. Ohne diese tollen Kunstwerke hätte dieses Buch niemals diese individuelle Note bekommen.

Ein weiteres herzliches Dankeschön an meine beiden Söhne, da sie mir mit ihren Tipps und Anregungen beim Schreiben dieses Buches eine sehr große Hilfe gewesen sind. Sie haben mir ganz genau gesagt, was ihnen gefällt und was nicht. Es ist mir ein sehr großes Anliegen, dass es auch Kinder im Alter ab etwa 7 Jahre verstehen, was ich mit meinen Zeilen ausdrücken möchte.

Mein persönlicher Buchtipp für Erwachsene

Luise L. Hay hat zu diesem Themengebiet sehr interessante Literatur. Mein Favorit von ihr ist das Buch „Gesundheit für Körper und Seele". Die gebundene Ausgabe ist auch für das Auge eine Wohltat.

Pierre Franck schreibt ebenfalls sehr anregende Bücher auf diesem Gebiet. Hier empfehle ich „Erfolgreich wünschen" und „Glücksregeln für die Liebe"